folio benjamin

Pour Constantin et Alexandra
– J. W.

Pour Molly
– C. S.

TRADUCTION DE MARIE AUBELLE

ISBN : 2-07-051185-5
Titre original : *I Met a Dinosaur*
Publié pour la première fois par Creative Editions,
Mankato, Minnesota
© Jan Wahl 1997, pour le texte
© Chris Sheban 1997, pour les illustrations

© Gallimard Jeunesse 1997, pour la traduction
française, 2005, pour la présente édition
Numéro d'édition : 132865
Loi n° 49-956 du 16 juillet 1949
sur les publications destinées à la jeunesse
Dépôt légal : mars 2005
Imprimé en Italie par Editoriale Lloyd
Maquette : Barbara Kekus

Jan Wahl · Chris Sheban

J'ai vu un dinosaure

GALLIMARD JEUNESSE

T R I C É R A T O P S

J'ai
vu un
dinosaure
au muséum
d'histoire
naturelle
et il
m'a vue.

« Petite.
Ce ne sont
que des os. »
Une vieille carcasse ?
Enfin, c'est ce
qu'on m'a dit.
Mais, en sortant
du musée ce jour-là,
je n'en étais pas
si sûre.

ALLOSAURE

Lundi.
Nous rentrions
en voiture
à la maison.
Il faisait très sombre.
Tout à coup,
un brontosaure
a traversé la route
qui longe
le parc. Maman
conduisait.
Papa a secoué la tête
en soupirant :
– Ce n'est qu'une
souris, voyons.

BRONTOSAURE

S T É G O S A U R E

Mardi.
Près de notre maison,
j'ai vu
un stégosaure
qui s'amusait.
Il se trouvait
devant
la station-service,
au milieu
des pompes et
des voitures,
et lorgnait
la porte
du magasin.

Mercredi.
Il était assez tard lorsque
j'ai entendu un grand bruit
suivi d'un bang !
Sans doute un animal
qui cherchait de la nourriture.

D I M É T R O D O N

J'ai regardé par la fenêtre.
– Ce n'est qu'un petit
dimétrodon, chantonnai-je.
– Plutôt un raton laveur
ou une vache qui broute,
a dit Papa.

DIMÉTRODON

Jeudi.
À la sortie
de la ville, à côté
de la voie
de chemin de fer,
se dressent
deux pylônes
dont les lumières
brillent
dans le noir.
Ce soir-là, j'ai vu
un clignotement
qui venait
de là-bas.
– Bonjour,
tricératops,
ai-je lancé.
Et je suis restée
là des heures.

TRICÉRATOPS

IGUANODON

Vendredi.
Papa et moi,
nous avons fait
un grand tour
en barque
sur le lac.
Il a commencé
à pleuvoir
lorsqu'une bête
gigantesque
a heurté le bateau.
– C'est ce rondin
de bois qui dérive,
a dit Papa.
– Non, non ! m'écriai-je,
ça ressemblait
à un iguanodon.

Samedi matin,
tout était calme.
J'ai pris mon chariot
pour dévaler
la colline.

TYRANNOSAURE

J'ai regardé en bas,
lorsqu'un coup de vent
m'a poussée et fait
descendre à toute vitesse
entre les arbres en fleurs.

J'ai juste eu
le temps
d'apercevoir
un tyrannosaure
qui passait
la tête entre
les branches.
Il a levé
une patte pour
me faire signe
et je lui ai
répondu
de la main.

TYRANNOSAURE

Dimanche après-midi,
c'était le jour idéal
pour jouer avec mon cerf-volant.

PTÉRODACTYLE

Il monta très haut et ma ficelle était bien tendue.
J'ai cligné les yeux et alors
je l'ai vu : c'était un ptérodactyle
qui tenait le bout de ma ficelle dans son bec.

J'ai
aussitôt couru
à la maison.
– C'est bon, petite,
c'est bon.
Bois donc
un grand
verre d'eau.
Et maintenant,
au lit !
Nous sommes
allés nous
coucher,
Papa, Maman
et moi.

– Éteins
la lumière !
Ferme ton livre,
c'est l'heure
de dormir.
Pose la tête
sur l'oreiller.
J'étais
tranquillement
allongée et
je réfléchissais.
Par la fenêtre,
je pouvais voir
le brouillard
qui tombait
sur la ville.

DIPLODOCUS

D I N O S A U R E

Pour
m'endormir,
j'essaie
de compter
les moutons.
Mais je n'y
arrive pas.
Je vois
des dinosaures
partout.
Peut-être
y en a-t-il
un assis
sur ma chaise.

LES DINOSAURES ET AUTRES BÊTES PRÉHISTORIQUES
(par ordre d'apparition)

TRICÉRATOPS : «face à trois cornes». Il avait une tête énorme qui pouvait mesurer deux mètres, une petite corne sur le nez et deux autres au-dessus des yeux. Il pesait jusqu'à cinq tonnes et se nourrissait de plantes de la forêt. Ce fut l'un des derniers dinosaures à avoir vécu sur terre.

ALLOSAURE : «reptile différent». L'un des plus grands dinosaures d'Amérique du Nord. Adulte, il pouvait atteindre douze mètres de long de la tête à la queue et près de cinq mètres de haut en se tenant sur ses pattes arrière. C'était un animal carnivore, extrêmement puissant. Les muscles de ses jambes étaient particulièrement développés ; ses mains et ses pieds étaient pourvus de griffes acérées.

BRONTOSAURE : «reptile tonnerre». Il vivait près des rivières et se nourrissait des feuillages des arbres élevés et des fougères. C'était un animal massif au cou et à la queue très longs. Il mesurait vingt et un mètres et pesait plus de vingt-quatre tonnes, l'équivalent de cinq éléphants.

STÉGOSAURE : «reptile à toit». Il possédait une petite tête, un dos hérissé de plaques et une queue armée de piquants qu'il agitait pour se défendre. Il était de la taille approximative d'un gros camion. Il paissait dans les plaines.

DIMÉTRODON : «aux dents de deux tailles». C'était un reptile carnivore à quatre pattes qui vivait avant les dinosaures. En dehors de ses mâchoires armées de deux sortes de dents (en fait, trois), il est connu pour les épines en forme de voile de ses vertèbres dorsales. Celles-ci lui permettaient de réguler la température de son corps et jouaient le rôle de panneau solaire.

IGUANODON : «à la dent d'iguane». Il se déplaçait en se tenant sur ses pattes arrière, et utilisait celles de devant pour attirer les branches des arbres jusqu'à sa bouche. L'éperon du pouce lui servait peut-être à se défendre. Il pesait cinq tonnes et mesurait dix mètres de long. Il vivait en troupeaux.

TYRANNOSAURE : «reptile-tyran». L'un des plus grands dinosaures carnivores. Il se déplaçait en se tenant sur ses pattes arrière. De la tête à la queue, il mesurait plus de 15 mètres. Il possédait des dents en forme de scie.

PTÉRODACTYLE : «doigt ailé». Ces reptiles possédaient une paire d'ailes dont la taille pouvait varier de celle d'un moineau à celle d'un petit avion. Il se nourrissait d'insectes et de poissons et se servait du vent pour s'élever dans les airs en battant de ses ailes sans plumes.

DROMICEIOMIMUS : «qui imite l'émeu». Il était aussi gros qu'une autruche ou qu'un émeu auquel il ressemblait. Il vivait dans les forêts de l'ouest du Canada et se nourrissait de petits animaux. Il pouvait courir à une vitesse de cinquante kilomètres à l'heure.

DIPLODOCUS : «à la double poutre». C'était l'un des plus grands dinosaures. Il mesurait vingt-sept mètres de la tête à la queue. Il s'agissait probablement d'un animal semi-aquatique. Il possédait un corps en forme de tonneau, des pattes solides, un long cou et une tête minuscule.